JN409870

풍경風磬이 있는 풍경風景

시원문학회 9인 동인회 사화집 · 1

북랜드

풍경風磬이 있는 풍경風景

시원문학회 9인 동인회 사화집 · 1

PROLOGUE

아홉 동인 여기에 징검돌을 놓습니다

산다는 일에 기쁨이 찾아들면 그저 환한 웃음으로 답장을 보내고 그것이 슬픔이었다면 흐르는 눈물로 땜질하며 밋밋한 삶을 구걸하던 어느 날 하늘이, 대지가, 나무와 꽃들이, 무의미로 구르던 길가의 돌들조차 도란도란 말을 걸어오기 시작했습니다.

즐거운 비명처럼 쏟아지는 함박눈을 만나고 하염없이 서러운 상심한 마음에 코러스를 넣어주는 빗소리도 만났습니다. 시를 밥먹듯 많은 밤을 지새야 했고, 시를 만나는 날에는 두렵고 설레는 울렁임을 주체하지 못했으며, 시가 내게로 오지 않는 날에는 뼛속까지 녹아드는 그리움의 무게로 짓눌려야 했습니다.

시원詩苑에 한 편의 서툰 글을 올려놓고 선생님께 '과연 시가 될 수 있을까요?' 했을 때 첫 순정의 아릿한 가슴에 난타를 놓던 그 작고 섬세한 떨림, 기꺼이 수족이 되어주신 선생님의 손길은 겨울날 칼바람인 듯 맵고도 매워 쓰라린 절망감에 빠지기도 하였고, 때로는 싱싱하고 달콤한 봄바람 같아 희망에 부풀기도 했습니다.

PROLOGUE

차츰 깎이는 모서리에 앙탈 같은 각도 둥글어지고 멀게만 보였던 첫 걸음마도 이젠 내딛는 보폭에 작게나마 힘이 얹힙니다.

아홉 동인 모두는 오랫동안 최광림 선생님 문하에서 사사를 받은 사람들입니다. 홀로 설 수 없는 아홉 제자에 대한 애증과 선생님의 바람 크시겠지만, 아직은 선생님의 손길 없인 엉덩방아를 찧어댈 뿐입니다.

서툰 요리 솜씨로 맛깔스런 시 맛을 우려내진 못했지만 세월에 삭고, 열정에 삭고, 선생님 손길에 삭고 삭으면 성큼 웃자란 시를 만날 수 있으리라고, 그 날을 위해 한 걸음 한 걸음 우리 함께 가겠노라는 다짐으로 아홉 동인 여기에 징검돌을 놓습니다.

우리들의 오늘이 있게 한 선생님, 또 『풍경風磬이 있는 풍경風景』의 출간을 위해 애써주신 많은 분들께 깊은 감사를 드립니다.

2006년 3월

시원문학회 9인 동인회

■ 축사

문도文道에 광영만이 창창하라

오랜 침묵을 깨고 마침내 얼굴 내민 9인의 동인 사화집 『풍경風磬이 있는 풍경風景』은 내게 있어서 남다르고 특별한 의미가 있다. 어줍잖은 글로 작품활동을 시작한 지 어언 30여 년, 다섯 번째 개인시집을 상재하는 마당에 때맞추어 내 문하의 사백詞伯들이 마음 단장하고 바깥 나들이를 했으니 이만한 축복도 당분간 흔치 않을 듯싶다.

2000년 11월 28일 지인들의 권유로 다음DAUM에 팬카페 <시원詩苑>을 개설하고 문학의 저변 확대 차원에서 심혈을 기울였다. 그 결과 15,000여 명에 달하는 회원과 다수의 작가지망생들이 문단에 입문하는 영예를 안았다.

앞서 부연했거니와 온라인상 문학이 저변확대에는 성공했으나 질적인 면에서 실패하고 있다는 사실에 안타까움을 숨길 수 없다. 다행스럽게도 9인의 사백들은 온라인과 오프라인을 공유하며 오랜 사사師事를 받고 까다로운 절차를 거쳐 등단한 시인들로 제각기 그 나름의 특색을 띤 가운데 발군의 실력을 발휘하고 있는 터라 이들에게 거는 기대 또한 만만하다.

내 시의 정의는 '인간본향의 순수 추구' 내지는 '희망 추구의 환치작업'이다. 더불어 시인은 사회정의실현의 첨병이 되어야 한다는 게 한결같은 소신이다. 올바른 문학적 소신과 가치관을 바탕으로 모름지기 초심을 이어가며 집요한 의지로 시작詩作에 매진한다면 작게나마 한국문단에 일조 할 수 있는 필력을 펼쳐가리라 믿어 의심치 않는다.

경애하는 재자 초운草雲, 난곡蘭谷, 산정山井, 해심海心, 해정海貞, 야원野苑, 난연蘭蓮, 소석素石, 침향沈香 사백의 문도文道에 광영이 창창하기를 거듭 축원 드린다.

2006년 3월

開峰山房 崔光林 識

초대시

첫눈 내리던 곰소항 외 2편

清浪 **최광림** _지도시인

이곳에선
차라리 그리움을 입에 담지 말라

핏기 잃은
아버지의 유언처럼 담담한 곰소 앞 바다

숙성된 삶의 편린들을
과즙으로 쥐어짜면
가슴 한복판 농염한 불길 치솟아
고사한 말초신경 하나가
유배된 땅에 눅눅한 햇살을 경작한다

해풍에 간음 당한 건어물이
유리알처럼 투명한 눈빛을 분사하고
내가 포구를 짊어진 채 거친 바다를 점령해도
애꾸눈의 늙은 어부는
미동조차 하지 않았다

초대시

떠나간 것들아,
다시 돌아오지 말아라

소금창고 넘어 시린 바람이 야유하고
사람이 울어도
갈대는 결코 흐느끼지 않는다

그대 가고 없는
내 후미진 골목에
한숨조차 파지가 되어 흩날리는
겨울

곰.
소.
항.

초대시

두고 온 내 반쪽은

이른 아침
동면冬眠의 껍질을 벗기에는
설익은 겨울열차에 오르면서
문득
대합실 귀퉁이에 팽개친
내 초라한 반쪽을 기억해 냈다

힘겹게 계단을 뛰어오른 바람을
한 움큼씩 뒷주머니에 후벼넣고
구멍 뚫린 허파에 풀무질을 해대며
건조한 마찰음으로
개찰구를 점령하는 사람들

거미줄에 목숨을 지탱한
시계추에 반사되는 뉴스앵커의
가시 돋친 목소리가
목적지도 타협하지 못한
발걸음에 예리한 날을 세운다

초대시

목덜미가 저려오는 일상의 끄나풀을
후미진 객실에 유언처럼 부려놓고
만약 눈꽃이라도 질펀한 산을 오른다면
그 넘어 무엇이
날 겨누어 시위를 당길 것인가,

펼쳐놓는 것보다
꾹꾹 눌러 가슴에 담아두는 매캐한 그리움
그 절망 같은
시계視界 밖의 황홀한 점액질이여,
그대 떠난다 해도
나는 악연의 끈으로 몸뚱일 칭칭 동여매리라

채우지도 못한 빈속을 훑어내면서
탈출의 욕망에 아랫배가 불거진
생경한 도회지의 파열음을 저주하며
시린 이빨로 어둠을 재단하던
대체 두고 온 내 반쪽은 무엇이었을까,

그래, 무엇이었을까.

초대시

괜찮다, 괜찮다, 다 괜찮다

내가 하루살이가 되어
억새 끝에 매달려 있을지라도
괜찮다

혹은 불타는 노을이
구멍 뚫린 가슴에 밑줄을 긋고
숨통을 자맥질할지라도
괜찮다

바람이 풍문으로 달려와
나를 도살하는 눈부신 칠월의 반란도
다 괜찮다

다만 너희들은 여름철새처럼
이 칙칙하고 아득한 날들과 작별을 고하거라
나는 연鳶줄에 목을 꿰어서
조각난 구름의 파편에 혈서로 투항할지니,

혹여 상심한 낮달이 목을 놓거나

초대시

이름 모를 풀꽃들이 아우성 하거든
잊혀진 내 이름을 소리내어 불러주거라

억새와, 노을과 바람이
절명한 내 초라한 육신 거두어
푸른 햇살로 유린하고 간음할지라도,
그것이 정녕 이 세상 마지막 인사가 될지라도

괜찮다, 괜찮다, 다 괜찮다.

차 례

시원문학회 9인
동인회 사화집 · 1

草雲 권덕운

— 1956년 인천 생
— 아호: 초운(草雲)
— 전국시조백일장 입상
— ≪미래문학≫ 시 부문 신인작품상
— 시원문학회 수석부회장

가을에 핀 장미 외 7편

만개한 꽃이 아니라서 아름답다

수줍어 조심스레
담장 너머 고개 내밀 듯 말 듯
청자 빛 하늘, 서늘한 갈바람에
못다 핀 향기 살그머니 실어본다

이윽고 구름나비 하얗게 날아든다

때늦어 절반만 피어오른 자태
황홀한 꽃불, 햇살에 타오른다
여린 가슴의 벽 지나, 기다림의 너울 속
마침내 잃어버린 봄이 울렁거린다

나비가 벽을 허문다
억겁의 세월
부푼 속적삼 헤집고 들어온다
농익은 가을 햇살, 고개 숙일 줄 아는
고운 향기 실어 온다

살아 있구나, 너 살아 있구나

담장 위 창살에 찔린 선혈
살아가는 날의 못 다한 고백을
물빛하늘 열두 폭 치맛자락에 적어둔 사연
님의 발길 스치면
말없이 꽃잎 되어 내리고

가시는 길, 외롭다 하지 말란다.

가을사랑

솔밭에 하늘이 내려앉았다
하얀 뭉게구름 욕망에 부푼 소유로
솔잎 사이 도적이 된 손
햇살에 숨은 행복을 잡았다

잡힐 듯 잡히지 않는 사는 날의 꿈
내 안 가득히 스쳐 지나며
소리 없는 아우성으로 끓어오른다

찡하니 코끝이 아려온다

살가운 가을 앞에서
성숙하는 날의 고통, 하루의 일상인데
외면하고픈 마음은
서풍에 정분난 달콤한 구름의 속삭임에
잃어버린 날의 향기 찾을 수 있었다

섬이 된 팔각정, 하늘호수에 잠겨들고
산자락 굽이마다 휘몰아쳐 펼치는
님의 얼굴 닮은 들꽃융단
갈바람 꽃구름 젖은 춤사위에
황홀한 혼 불 붉게 타오른다

'아니 온 듯 다녀가십시오'

바람에 나부끼는 현수막의 유혹
하늘길 걷는 안면도 해송의 싱그러움은
갓 수혈한 맑은 영혼의 노래
산등성을 타오르고, 불변의 숲 속 향기
내밀한 밀어가 되어 앙가슴 뒤흔든다.

갈대밭에서

상실하고픈 기억
길 아래 길, 갈대숲에 통한을 묻었다

소리나지 않는 곡성
심장을 울리는 북소리, 거친 장송곡은
북채가 된 핏빛 화살
가을햇살은 파편이 되어 튀어 오른다

운명을 거슬러, 길 위의 길 찾았다

내 안의 길 찾아
모래성이 된 흘러간 시간
솟구치는 욕망 앞에서
갈대숲일지라도 희망을 묻어
그렇게 꺼져 가는 불씨 지펴야 했다

끝없이 속이는 삶 앞에서
분노한다는 것, 부질없어
믿지 않는 미래일지라도
어제보다 나은 내일을 향한 희망은
살아가는 날의 아름다운 이유

심장이 약동하는 한 멈출 수 없는 길 떠난다.

바지락 캐는 아낙

호미로 뒤집은 속
바위 억눌린 모진 가슴
한 꺼풀 걷혔다

검지도 푸르지도 못해
삭신조차 문드러진 갯바닥
흉물스러운 몰골 야유하듯이
일순 터지는 함성, 차오르는 가슴
여문 밤톨 숨겨둔 줄
누가 알았을까?

오른손 쟁기질
잽싼 왼손 추수 갈이에
이내 바람도 숨죽인다

속보인 그물 망태
차오르는 만선의 기쁨
아낙의 가슴에 미소로 안겨든다

두고 온 아이가 웃는다
바지락이 달리자, 엄마는 날았다
사위어지지 않는 불멸의 꽃
어머니의 마알간 혼 불 가슴에 불이 붙는다.

가을 연서

울창한 숲, 그대 손짓
발기된 유두의
싱그러운 살내음

활짝 핀 꽃 한 송이
파닥거리는 새가슴이다

저물어 가는 날
당신이 만든 내 안의 화원
그대, 심장 소리 약동할 때
빈 가슴 영혼의 해후는
오르가즘의 진동
숨조차 쉴 수 없는 날이다

속절없는 인생의 가을
무의미의 의미를 깨닫게 한
당신이 주신 삶의 의미
꽃피는 봄날에 머무를 수 있어
영근 밤톨,
톡, 톡, 거리는 사랑놀이 정겹다.

바다에 누워

파도가 그리워
햇살이 물비늘 위에 누웠다

큰언니 부푼 젖가슴
산을 오르고
구천동 비탈진 계곡
자욱한 안개로 너울거린다

그 황홀함,
눈 먼 송어 한 마리
휘어진 허리 고추 세워
님의 품 찾아 들고

하얀 물보라 꽃길
조약돌 가마
곱게 내려주는 파도,

승천하는 용
여의주 받아 품듯
첫 아이 태몽으로
파도는 바다를 열고 있다.

거울 앞에서

일그러진 자화상은
낯선 타인인 양
구석진 자리에 둥지를 틀고

하얀 포말을 토악질해대는
세탁기 안의 빨래
혼절한 기억 되새김하듯
그렇게 나를 직립으로 세우고 싶다

초점 잃은 눈길
실비듬 떨어지는 소리
속죄처럼 숨을 죽이고
돌아갈 수 없는 길 앞에서
옹이진 가슴 끌어안고
만선의 꿈에 부푼
회귀선의 닻을 한 마장쯤 올려본다

살아가기 심심한 날
철없는 외침 소리
불타 오르며 번쩍이던 눈
분출구를 잃어버린 휴화산 같던
설령 그 날은 복원하지 못한다 해도

창백한 그믐녘 달빛 아래
내 안의 항로 찾아 나선 길
속절없는 허무함이라 그리 이름하자

거울 앞에 서 있는 날은
동공 속에 심은 나무 한 그루
저 미명의 어둠 불사르고
싱싱한 가지 쭉쭉 뻗어
오직 빛이 되어 내리기를 소망하고 싶어라.

빈 의자

중천 햇살
타오르는 갈증에
삐거덕거리는 빗장 열고
마음 고리
틈새 바람 불어
해질녘 긴 그림자에
쉬어 가는 빈 의자

나른한 육신
늘어진 능수버들 벗삼아
실바람 애무의 손길로
허기진 마음
송화분 채웠더니
내 안에 차 오른 향기
빈 의자 찾는
불면함을 채찍한다

살아가다가
지친 몸을 기대며
쉬어 가는 빈 의자

절실한 것은
내 안의 나를 보지 못한 것
끊임없는 괴로움
스스로 만든
번민의 굴레
비로소 마음의 빗장을 열고
빈 의자에 고뇌의 짐을 얹는다.

蘭谷 김은영

— 1960년 대구 생
— 아호: 난곡(蘭谷)
— 방송통신대 국어국문학과 재학
— ≪미래문학≫ 시부문 신인상 수상
— 시원문학, 한국펜문학, 한국문협,
대구문협 회원
— 시집 『裸悲』 외

칸나가 있는 영안실 외 7편

서른셋, 생일날 요절한 그녀
아들이 칸나줄기로 칼싸움을 한다
핏빛 꽃 모가지가 뚝 떨어지자
기어코 울음보가 터져 버렸다

굽은 언덕 같은 할머니 등에
숨어 부서지는 눈물
그녀는 웃기만 할 뿐
사진 속에서 걸어 나오지 않는다
에이 독한 년

차마 고개 들어 마주하지 못하고
삶은 고기 한 점 우물거리자
문득 내 살아 있음이 부끄럽다
맞아, 이럴 땐
육개장 뜨거운 국물을 소리내고 씹어야지

생일 축하해
친구가 보내준 칸나 꽃바구니에
젊은 남편이 토해 낸 설움이 쓰러질 듯 기대섰다
영정 앞에 놓인 수박이
더 붉은 이유를 나는 오늘 알았다.

해, 떨어진 그 후

푸른 줄기에 꽃대궁 매단
능소화는 발기한 남자의 아침 같다
살이 올라 통통한 빗방울이
슬쩍 건드리면 참지 못해 토해 내는 한숨
이내 몸이 달아 후끈후끈

조산한 어둠
낮은 바람에 흩어지면
빈 자궁 같은 여자가 포장마차에 불을 지핀다
덜 씻긴 사기그릇에
별 하나 소리 없이 숨는다

비닐천막에 소름이 돋았다
우르르 쏟아질 때마다
자갈들이 몸 씻는 소리를 낸다
석쇠 위에 올려진
낡은 꿈에 소금 간 하늘, 달 없는 칙칙한 밤.

내가 꽃집 앞을 서성거리는 이유

봄인지 겨울인지
감각을 잃어버린 백합이, 장미가
남자를 기다리는 그녀를 닮았다
훤한 대낮에도
붉은 불빛에 기대
물기에 젖은 다리를 떨며

유리문이 열릴 때마다
누군가의 가슴에 안기는 꿈으로
파르르 빠른 호흡하는 꽃잎
시야에서 벗어나지 않으려
보내는 유혹의 향기가
비어 있는 가슴을 채운다

주머니 속의 지폐를 만지작거리며
곁눈질로 보는 꽃들의 음탕한 웃음이
오늘
나는 참 좋다.

섬 안의 섬

도시 귀퉁이
텃밭은 섬을 닮았다
이른 봄날 언 땅을 뒤집는
등 굽은 노인은 말이 없다
녹이 슬고 이가 빠진 쇠스랑으로
먼저 간 아들의 따뜻한 심장을 더듬듯 터를 만든다

내가 그 섬을 처음 발견했을 때
섬은 술에 젖어 있었다
발길 드문 시장 구석
좌판을 편 그는
허물어져 가는 몸뚱이를 주체 못해
사타구니에 코를 박고 있었다

무엇이 그를 널려진 푸성귀보다 못하도록 만들었을까
고개를 들어 내 눈과 마주 친
아픈 섬의 기억을 나는 단돈 천 원에 샀다
외로워서도 아파서도 안 되는
섬은 남겨진 사람의 마지막 희망이기에,
그러나
오늘 섬에 떠 있는 또 다른 섬을 나는 안다
이미 떠나온 섬 하나가 바로 나인 것을.

씩씩한 여자

일주일만에
출근한 그녀에게선
잘 익은 가지 냄새가 난다
자신의 것 한번 갖지 못했던 그녀는
남편의 장례비를 받기 위해 처음으로 통장을 만들고
낯선 계좌번호를 들여다보며 마른침을 삼켰다
폐광 같은 음습한 눈에
도톰히 살이 오를 때쯤
달라질 그녀의 일상을 나는 미리 염탐한다

방구들을 지고 누워 있다
네 살이나 많은 아내가 퇴근해 오면
부리나케 치마 밑을 더듬거나
화풀이 주먹을 날리는 일이 고작인 남편의 그늘에서
물기 마른 이끼밖에 될 수 없었던 여자
의식 잃고 드러누운 곁에서
줄 간 스타킹 갈아 신고 일어서는데
그 새를 못 참아 숨을 거둔 남편에게
실컷 욕하고 났더니 묵은 속이 다 후련했다고
무표정하게 내뱉는 그녀는

내일이면

좀 더 빨라질 출근길에
오랫동안 꼭꼭 숨겨두었던
낡은 웃음 사치스럽게 내어 걸고
시장 통에서 산 에나멜 푸른색 구두를 뽐낼 것이다.

이별 그 후에 1

펄펄 오른 신열이
떫은 감꽃 내로 베갯잇을 푹 적셨다
어둠을 잔뜩 짊어진 택시가 멈추자
문 닫는 소리 창문에 매달리고, 탁
그가 내게로 향하던 문 닫는 소리
바스라지기를 꿈꾸는 소름이
낙엽처럼 몸을 둥글게 말아 뒤척인다
유리조각처럼 깊은 흔적으로 박혀 있을
애인을 단번에 꺼내려고
손가락으로 쑤셔도 나오지 않는 구토질을 해댄다
눈이 빠지고 귀가 멀 때까지
목구멍에 예전의 웃음 같은
붉은 장미가 흐드러지게 피어도 소식이 없는 걸 보니
내 속에 이미 그가 없는가 보다
어쩌면 처음부터 한 몸이었는지도 모를 일
살아가다가 문득 서걱이는 마른 풀 소리 나면
미처 분별되지 못했던 또 다른 내가
나를 사랑하는 일이라 그리 위로해야지
하지만 지금은
갈기갈기 찢어진 가슴을 주체 못해 발광하는 환자일
뿐
급히 뛰는 맥박만 가늘게 살아 있음을 증명한다.

이별 그 후에 2

사정없이 동여맨 까칠한 팔을 두드리며 혈관을 찾는 그녀는 암내를 풍기는 정분 난 고양이 같다

따끔합니다 목구멍에서 툭 튕겨져 나온 습기 없는 말이 바닥으로 추락하고 애인의 참았던 눈물 같은 링거액이 혈관을 타기 위해 입관 수속을 밟는다 온 몸 구석구석을 빠른 걸음으로 지날 때마다 나는 꿈틀거리며 살아난다 어깨에 통을 매고 칙칙 뿌려대던 소독약 냄새처럼 나는 새 사람으로 건사할 수 있을까 헐리우드 영화에서처럼 주사바늘을 확 빼어내고 싶은 충동을 꾹꾹 참기 위해 괄약근을 조이고 눈을 감는다 예전처럼, 아무 일 없듯이 살아낼 수 있을까 시나브로 오랜 암전의 시작이다.

그 남자가 사는 곳

— 월록선생 집에서

살색과 햇빛이 만나면 구리 색이 될까

숲 속 비탈길 따라
마음이 먼저 들어선 곳
웃고 서 있는 사람이 아침나무를 닮아 있다
동화 같은 품 작은 텃밭
애첩같이 숨어 핀 보라색 가지꽃
강물 조각 닮은 잎 짙은 상추

흙벽 사이로
날씬한 바람 줄줄이 새어들면
급기야 오랜 잠에서 깨어나는 그림 속의 새
수줍은 웃음이 눈으로 들어오고
국화 향기 담은 찻물에
파도 만드는 구성진 대금소리

취기 오른 가락 한 소절
어깨에 얹히면 산자락이 눈앞에서 일제히 일어서듯 흔들린다
그의 굵은 손가락이 어둠을 풀었다 놓았다
위태롭게 매달린 풍경이 실신해도

눈길 한번 마음 한번 줄 수 없어
비를 술처럼 마신 마루가 어지러워 춤을 추는 곳

오늘도 그 남자는 그곳에서 자신만의 삶을 방목한다.

山井 김희순

- 1970년 전북 순창 생
- 아호: 산정(山井)
- 한국방송대 국어국문학과 재학
- ≪미래문학≫ 시 부문 신인작품상
- 시원문학회 총무

시, 맛난 만남 외 7편

그래,
산행을 하는 것이다

가다가 이름 모를 들꽃을 만나면
눈 한 번 꿈쩍이고

가다가 옹달샘 만나면
가슴 시리도록 입맞추고

목을 놓는 꾀꼬리 발목 잡으면
잠시,
널찍한 마음 말그스레 귀 기울여 준다

詩 떨어지는 새벽에는
말, 귀, 눈, 입, 마음, 온갖 생각
찻잔에 우려 강물에 보내는 도도한 여유

가다가가다가 만난 이,
세상에 詩 아닌 것이 없구나

즐겨 찾기 클릭하듯 詩 짓는
진정한 詩와의 맛난 만남이여.

네거리에서 길을 잃다

제비꽃,
씀바귀,
괭이밥,
강아지풀,
달개비,
여뀌,
부들,
미모사,

이름들 줄줄 외다
베란다 화초 이름은 까먹었다

그러나 문득
그리운 시까지 까먹었으니
그 얼마나 서럽고 행복한 일이냐.

너에게 가는 길

서울에 샤갈이 오긴 온 모양이다
꿈을 꾸지 못한 자 손짓하며 오란다
어젯밤
꿈속에서도 또 꿈을 꾸었는데.

먼길 오신 님 돌려보낼 수 없어
뾰족구두 신고 살랑이는 바람 포장해
지금 막
또각또각 꿈 찾아 미술관 가는 길.

샤갈에게 가는 길은 멀고도 험하다
미치거나 혹 미치지 않거나 괜한 지존至尊
어쩌면
덕수궁 돌담길을 살아생전 걸을 수 있을까.

두어 잔 술에

— 귀천에서

새우젓 항아리에
만개滿開한 웃음꽃

한 모금 가슴 적시면
취기醉氣가 소름으로 돋는다

오래 전 주인장이 마련한
화개반 주미취花開半 酒微醉

또 한 잔,
됫박 만든 연잎 위로

그득그득 따라주는 시 한 수
막힌 귀가 트인다

두어 잔 술 치장으로
길나서는 피안의 여름 한 때.

날마다 피는 꽃

사랑하다 시는 잊어버리자
나를 값싸게 팔고
차라리 새가 되어버리자
그러다 안 되면 그때는,

돌고 돌아 떠도는 마음 자락 붙잡고
다시 돌아온 탕자 같은 신발

곪아 터져 더 이상
신을 수도,

빛을 잃은 별들이 점령한
무덤가를 갈 수도 없었다

야무지게 고쳐 매어 줘
존재를 가르쳐 주려 애쓰는 안타까움,
나의 길을 다잡아 준 넌 대체 누구인가

구천 년 전 혹은 오백 년 전,
맺은 인연인들 무엇하리
인연은 내가 만들어 가는 실타래

풀다가 아니 풀다가
기우는 술잔 속에 너를 담아
통째로 마셔 버렸다

갈비뼈 사이로
휘영청 밝은 달이
불덩이 되어
날이 날마다 피는 꽃.

소월길에는

소월길에는
속울음 삼키는 나무가 하나 있다
칼바람을 등에 지고 사뭇 꿋꿋하게
눈보라와 대적하는 겨울나무

'죽어도 아니 눈물 흘린다'는 소월의
때문은 애증이 홀연히 새벽을 훔칠 때
나무는 신열이 돋아 파르르 몸을 떤다

남산의 석문 자리
하현달이 눈 흘기면
미움도, 경고도 사랑이 된다

아, 그리운 이여
속절없는 세월 앞에서도
인고의 싹은 파란波瀾하며 돋는데
아직도 그대는 날 잊고 있다
저만치 안개가 꽃을 피운다.

수련꽃睡蓮花

인연 따라 발길 머문
아늑한 그 자궁 속

언제쯤 돌문 열려
맑은 물기 채울까,

오로지
엄마 품에서
해산달만 기다린다.

때때로 곤한 잠에
말끔히 몸을 씻고

얼굴에 화인 찍는
선홍빛의 달무리

어쩌면
행복한 꿈도
달콤한 차와 같아.

서울은 알고 있다

마로니에 공원은 팔삭의 임산부
주름진 골짜기를 방황하는 지금
침체기도 조만간 작별을 고할 게다

불현듯 나타난 괴테 같은 노인
또 한 번 전성기의 기적을 꿈꾸며
오고 가지 못하는 상실의 시대를 끌어안고
쉬임 없이 요동친다

밥줄 끈긴 자
꿈을 들이마신 자
가던 길 던져버린 자
처절히 혼조차 골아보지 못한 자
가라 샤갈에게,

정녕 외로운 꽃인 척 거들먹거리지 마라
뜨고 지는 자리도 때가 되면 바뀌는 것
0시의 마로니에 공원은 화들짝 마른침을 훔친다.

海心 김명이

- 1944년 경남 진동 출생
- 아호: 해심(海心)
- 경남대학교 평생교육원 시, 수필 창작반 수료
- ≪미래문학≫ 시 부문 신인상
- 시원문학회, 붓꽃문학회 동인
- 강바구문학회
  (http://cafe.daum.net/kanbagu) 출범
- 시집 『그 사람이 보고 싶다』 외

자화상 외 7편

어느 날,
가냘픈 육신 찢어질 듯 절규하는 나뭇가지를 바라보다가
문득,
창백하게 야윈 노인이 근근히 지팡이에 의지한 채
넘어질 듯 고추 서 있는 모습을 보았다

온 몸의 기 자식들 다 나눠주고 거죽만 남아
허공을 향해 무엇인가 기다리는
허망한 눈빛

만약에 저 지팡이를 놓쳐버리면
노인은 바람에 밀리는 풀잎처럼
굽어지다 못해 바닥까지 낮아지겠지
나이가 들수록 좁아지는 마음에
눈물샘은 마를 새가 없어

진정 나를 슬프게 하는 건
결코 노인의 모습 때문만은 아니었다
훗날 나의 자화상을 보았기 때문이다

언젠가,

나도 저 노인처럼
저리도 슬픈 눈으로 순간순간 하늘을 바라보며
굳어 휘어진 손가락 사이로
눈발이 날려 얼굴을 적실 거라는 시린 생각이
싸아하게 번지는 전율 같아
차갑게 내 등골을 후린다.

설화 속 붉은 연시

송광사 뒤뜰
빼곡이 들어찬 하얀 나무 연시야
오늘 같은 날 고운 님 맞을 새색시 같구나

나무도
꽃 모양도 천차만별
님 만날 기원에 소복단장했느냐,

네 모습 너무 고아
탱탱한 볼 어루만져
반가워 흘리는 눈물 좀 봐,
살며시 내민 손이 흠뻑 젖는다

가슴이 아파
뽀도독 지르는 비명소리
흠칫 놀라 한 걸음 물러나면

온통 하얀 세상에
대롱대롱 유난히 붉게 빛나는
설화 속에 다시 피어난
한 겨울 연시야,
햇살 아래 내 온기만
살포시 내려놓고 가노라.

미더덕

앞뒤 못 가리는
불경기다
불경기
입에서 입으로
실감나는 현대판 보릿고개

영하 30도에 벌벌 떨며
서울 깍쟁이 괄시에
창자까지 녹아 내리는 심사를
세월아 너는 알고 있니
귀한 몸값의 덤핑세일을,

진종일 칼끝에서 뱅뱅 돌다
밤이 새도록 달려간
서울 공판장
본전도 챙길 수 없는
들쭉날쭉한 한 몸값에
미더덕이 비틀거린다
내가 비틀거리고 세상이 비틀거린다.

순덕 할머니

덜커덩덜커덩
팔순의 찬바람이 먼저 일어나
색 바랜 양철문을 흔든다

밤새 웅크린 새우잠
이혼에 둥지 떠난 아들 감감무소식
몸배바지 검은 앞치마 외투가 전부다

새벽 4시
공판장 종소리 딸랑딸랑
걸음은 어둡다고 더듬거리고 마음만 바쁜데
뱃가죽이 달라붙은 할머니 꼬르륵 소리
동지섣달 칼바람이 동행을 한다

인적은 띄엄띄엄
난전 좌판마다 고기는 희멀거니
할머니 머리처럼 희어지는데
돌방돌방 손주 놈 눈에 밟히면
큰 한숨 하늘 향해 쏟아 붓고
동상 걸린 발 삐죽이 주섬주섬 고기를 앞세운다.

보고 있어도 목마르다

내 마음의 정원에는
내가 경작한
드넓은 바다가 있다

습관처럼 손 내밀어
"바다야 너를 사랑해" 하면
싫지 않은 모습으로
하얀 이를 반쯤 드러내 반긴다

살가운 눈웃음으로 내 손을 붙잡고
싱그러운 바람을 불러와
말 갈퀴 같은 스란치마 말아 쥐고
너울너울 춤을 춘다

부드러운 제 살갗을
벗은 채로 내맡기는 바다
때로는 저 혼자 *빼져
*나불을 데리고 올지라도
나는
늘 *갱물이 그립고 목마르다.

* 빼져 : 토라져
* 나불 : 태풍
* 갱물 : 바닷물의 사투리

바다의 연가

나는 오늘도 당신을 찾아왔습니다
마음 문 꼭꼭 걸어 잠근
내 가슴에
몰래 감추어 둔 수많은 것
생각해 보니 모두 당신 것임을
이제야 깨닫습니다

그러기에
오늘만큼은 용기를 내어
내 전부를
당신께 드리렵니다
나의 음성 나의 사랑 나의 비밀한 것까지,
가까이 더 가까이 오소서

그리움이 닳고 닳아
마침내 백지로 오신 당신
그 백지에 우리가 살 집을 그렸습니다
아담한 정원과
솔숲 짙은 산
흰 뭉게구름 모락모락 피어나는
파란 하늘도 앉혔습니다

그림 같은 뜨락에
당신과 마주앉을 원형 테이블도 있어야겠지요

그 안에서
추억을 보석처럼 껴안고 사는
작지만 야무진 바다의 시인이 되겠습니다

바다여,
그렇게 나를 안아주소서.

해방시킨 휴대전화기

몹시 다급해서 뛰었다
철커덩 소리에 무심코 돌아본 입구
? ? ?!!
속이 후련하다
옷매무새를 고치고 어깨도 으쓱해 본다

순간
쾅쾅
쾅,

공포의 발길질에 비아냥거리듯
형광등이 비웃고 있다
희석되지 못한 생각들
쭈뼛쭈뼛 고개를 쳐들고 날을 세운다
자정이 가까운 시간
다른 세계와 단절된 공간에
어렴풋이 흐느끼는 곡소리
으스스한 냉기에 사지마저 달달 떨린다

허락 없이도 시간은 잘도 가는데
나는 탈출구를 찾지 못했다
침묵의 공간에 흰 꽃으로 치장한 조화들이

빙글빙글 술래를 한다
기웃기웃
육신을 막 벗어나는 뭇 영혼들이 킬킬거린다
아무리 고함을 쳐도 혼자다
시린 손발은 꼼짝도 할 수 없다

호주머니 깊숙이 찌른 손끝에
차디찬 쇠붙이
웅성웅성
쿵쾅쿵쾅 요란한 굉음과 함께
부서져 내리는 잔영 속에서
해방의 기쁨을 두 손으로 움켜쥐어 본다.

메밀꽃 필 무렵

하얀 물결 춤사위로
빨간 고추잠자리 푸른 하늘 맴돌던
내 유년시절

그때는
논바닥에 채워야 할 벼 가마니도
훠이훠이 쫓을 참새 떼도 없었다
황금빛 들녘은 간 데 없고
천지가 온통 꽃밭이었지
엄마 가슴이 하얗게 불타던 꽃밭

탈곡기 부릉부릉 밟지 못해
도리깨 툭탁툭탁
통곡도 모자란 슬프디 슬픈 웃음

벼이삭 알곡은 모두 다 어디 갔을까,
자갈 같은 검은 메밀만
이고 지고 곳간에 채워가던

석삼년 흉년이라
각설이 타령에 허기를 잊고
메밀 당숙 미끈미끈 목에 걸려
철모르는 아들딸 투정에
우리 엄마 죽 그릇 그렁그렁 눈물이더라.

海貞 박동숙

— 1959년 경북 화령 출생
— 아호: 해정(海貞)
— 화령상고 졸업
— ≪미래문학≫ 시 부문 신인상
— 미국 캘리포니아 이주
— Piano, Oil Paint, Language College 수료
— 시원문학회 회원

늙은이의 설날 외 7편

여든 늙은이
꺼억꺼억 홀로 맞는
설날 아침

텅 빈 집
집어삼킬 듯 매서운 바람
고장난 보일러에 비웃음친다

외로움 한 가닥
슬픔으로 채색된 전기담요
반나절을 껴안고
남루한 삶을 되새김질하며
설익은 라면이
굶주린 배를 채운다

세월이 삼킨 그의 시름
종잇장 흩날리듯
눅눅한 방안을 가득 메우고
이 빠진 틀니 사이로 삐죽이
흘러 넘치는 얼싸한 냉소冷笑

이처럼
진행형의 겨울은
길고도 아득하기만 하다.

혼魂

침묵의 어감
감히 외면할 수 없었다

그대, 두고 간 내음
너무도 강렬해서

유성처럼 다녀간
그 새벽이 뒤엎던 날

수의壽衣로 포장하고
시신屍身으로 굳어진 것은

숨쉬고 있는 공간이
바로 당신 것이었으니까.

이국의 향수

겨울 밤
안개비에 젖은 수은등
고독이 팽배한 낡아빠진 눈물이
겹으로 머문 창가
미완성의 수채화로 상기된 향수는
혼자만의 통속적인 외로움인가,

왜곡된 실지失地
면역되지 않는 이국 땅
추위에 움츠린 채 고개 내민
캘리포니아 꽃 진노랑 포피poppy
찬서리에 육신은 몇 차례나 얼어붙어
찢겨진 동맥을 타고
기어코 파열하는 몸부림
내 치열한 삶의 결투와도 같다

고향 잃은 상실의 아픔으로
현관 앞 살구나무를 응시하면
으스스 심장을 꿰뚫는 구슬픈 부엉이 소리
이를 외면이라도 하듯
밤새 나는 장승처럼 서 있다

안개에 묻힌 그믐밤
속도 무제한으로 질주하고 싶은,

낯선 땅
캘리포니아 외곽의 적막한 밤 풍경
이십여 년 향수에
텅 빈 가슴
유성처럼 또 하나의 금이 간다.

메마른 가을

가랑잎 떨어진 시향詩香 속으로
더딘 가을이 걸어가고 있다

구, 시월의 흔적이 짧게 고인 구름과 핏빛노을
지친 육신의 모순된 실재實在는
타아他我와 자아自我가 뒤섞인 갈색채였다

진한 향의 헤즐넛
그리고
아이리쉬 커피에 가득 찬
하얀 크림 증발의 짜릿한 감미로움을
불면으로 채웠던,

스쳐 가는 바람에 고개 들고
나직이 되뇌인다
낙엽 지는 소리 빈 가슴을 훑어 내리는데
잎은 보이지 않는다고,

경쾌한 음으로 쿵쿵거리던 심장은
포획되지 않는 응결로 지친 가슴 쓰다듬고
색색의 조화를 이룬
나뭇잎의 가냘픈 곡조를 듣는다

여윈 가을
나뭇가지를 타고 흘러내리는 메마른 수액
그 쓸쓸한 얼굴에 바다가 있었고
어떤 날은 마냥 행복에 겨웠다
하지만
때로는 해 저문 잿빛 길목에
홀연히 떠다니는 나뭇잎,
그 속에 내려앉은
텅 빈 십일월의 속살을 보았다.

가을, 그 남자의 집

낡은 밥솥,
찌그러진 냄비,
퇴색된 놋그릇,
숟가락에
젓가락도 하나
장독대엔 먼저 간 님의 은은한 체취,

지독한 땡볕이
염증을 유발하던 그 해 여름
너덜거리던 삼베옷
소염제로 씻어가며 빨랫줄에 만장으로 내걸고,

대문간엔
일흔 해를 동반했던 여인의 유일한 흔적
가냘픈 소국이 애처롭게 눈을 비빈다

에메랄드빛 하늘
고추잠자리도 비껴 앉은 그의 목침 위 독백은
자꾸 엷은 눈물에 젖어드는데,

젊은 날의 장엄했던 그 기품
시린 서릿발로 야위어

축 처진 어깨 위로 부서져 내리는 비애

갈바람이 몰고 온 울음은
소외당한 분신의 비정悲情
노쇠한 그에게
회한의 칼질을 해대는
홀로 가는 인생여정의 우울한 수채화다

객으로 스쳐간
소실의 딸,
멀어지는 뒷모습에서
창백한 그의 가을은 조락凋落하고
불현듯
백우白雨 한줄기
노도처럼 국화잎을 때리고 지나간다.

어머니

옥보다 고운 자태
색색의 명주실로 곱게 엮어
환한 보름달로
그렇게 칠 년을 피워놓으시더니

밤새
숨죽여 피어오른
하아얀 박꽃이 이슬에 젖어
청승맞게도
몸부림치게 하던 날

어머닌
홀연히
신神을 밟고 계셨을까,

분신 같다던
박꽃처럼 환한 얼굴엔
조각배 홀로 띄워놓고

애잔하면서도
투명하게 빛나던 고운 눈빛은
한을 사뤄

영혼으로 빛나고,
그 영혼, 한 줄기 빛이 되어 내리고

호 불면 쓰러질 듯한
청정淸淨한 잉태
색깔 없는 일곱 살의
단아한 얼굴
이내 적막한 공간에 어둠이 진군한다

"어! 우리 엄만 눈을 뜨고 잠을 자네."

달맞이꽃

어쩌다 돌아보았을까
궤적이 스쳐간 척박한 마음에
고요히 심금을 울리며 다가온
은은하게 퍼지던 미백색의 고운 달

눈가에 고인 습한 물기
감춰진 얼굴
마음으로 우는 눈물 초극할 수 없었던,

회색구름 몰려오던 날
잃어버린 표면
처연한 삶에 몸을 얹힌
억압된 고뇌의 억류
위태로운 몸짓으로
수고愁苦를 탈피하고 싶어
그냥 투명한 물빛에 묻혀졌을,

차디찬 고독
온화한 불길로 감싸안은 그대,
잔잔한 신경의 파동을 울리는
단 하나의 얼굴 하얀 보름달 같아

형형색색의 달무리 전신을 옭아
교묘하게 빠진 설익은 사랑 하나 가꾸고 싶어
온 밤을 이슬로 물들인 가련한
그 이름 달맞이꽃.

작은오빠

— 엄마 묘소에서

잊혀진 얼굴
덧없다 울지마

한恨많은 세상
그 시절 속절없어,

가을을 내려놓은 겨울외투 속으로
들국화 웃음 한 가닥
설핏 내려앉은 미묘한 웃음

재가 된 앙금
이젠
빈자리 메워 이른 채비 서둘자

깍지 끼운 손가락에 서리라도 내리면
서걱거리는 속내 쏟아낸 아픔
그래도 채워줄 내가 있잖아

묘소에 앉아
취우翠雨로 목멘 울분
소주잔에 어리는 해갈거리는 회상

그믐 달빛이라도 좋더라
어차피 사는 것 한 세월 묻혀두면.

野苑 고봉선

- 1961년 제주 출생
- 아호: 야원(野苑)
- 제주여상 졸업
- 계간 ≪미래문학≫ 시 부문 신인작품상
- 시원문학회 회원, 시원 운영자
- 제민일보, 중앙일보 신제주고객센타 근무

담쟁이 외 7편

기어오른다
자갈밭을 버걱버걱
내장이 파열하는 고통 끌어안은 채

저 담장만 오르면
자나깨나 그리던 님 날 반겨 주겠지
이파리에 푸른 꿈 펼쳐가며
어기적어기적 기어오른다

한 때는 추락의 현기증도 흥겨운 가락이었건만
성급한 삭풍의 너름새 앞에
*해밀 지닌 고운 가슴 잔인하게 부서진다
벙어리의 삼중고三重苦
흐느끼는 몸부림엔 열꽃만 가득하고

담장 끝은 지척인데
또 한 계절 망부석이어야 하나,
홍조 띤 작은 소망 마비되는 슬픔 앞에
한 움큼 새빨간 그리움의 파편들은
눈물 되어 후드득 바람 따라 흘러간다.

* 해밀: 비 온 뒤 맑게 개인 하늘이란 뜻을 지닌 순 우리말.

백목련 필 즈음

명필로 세상에다 휘갈겨
드러내고 싶은 간절한 소망이 있어,
신이 건네 준 붓끝은
봄바람에 사르르
순백의 향기를 홍건하게 적셨다

힘찬 필력으로
한 획 한 획
따스한 햇살 위에
땀방울로 써 내려간 메시지
허공에다 곱디고운 꽃 피우면
새들도 날아들어
아름다운 계절을 노래하고

목마를 탄 아이,
사랑에 빠진 연인
사색을 그리는 문학소녀 불러 앉혀
연분홍빛 고운 꿈을 분양한다

세상을 가득 메운 향긋한 내음
목련꽃 그늘 아래 카메라를 둘러멘
헌걸찬 시골 아낙 함박웃음도
한폭의 멋드러진 동양화가 된다.

맘껏 달리자

들판을 산책하는 푸른 공기
손으로 낚아채 머리를 감고
부끄럽다 풀잎에 숨었나
살포시 미소 터트린 꽃잎 하나
아사삭 베어 물고 주린 가슴 채운다

새끼손가락으로 풀 내음 움푹 찍어
토닥토닥 얼굴에 펴 바르고
힘차게 페달을 밟으면
비상하는 수리되어 세상을 훨훨

허공을 가르는 환희
미풍에 찰랑대는 생머리는
*느영나영 *둥그대당실
오돌또기에 장단 맞춰 흥겹고

어머닌 저 산꼭대기에서
두 팔 벌려 넓은 품에 안기라네
아버진 눈부신 햇살 긁어모아
어여 가잔다
휙휙 스쳐 가는 대자연의 환호성
꿈결일까,

저 하늘을 질주하는 늠름한 파일럿도
결코 부럽지 않다.

* 느영나영 : 너랑나랑
* 둥그대당실 : 흥을 돋구는 제주민요의 대표적인 후렴구

사루비아

불볕을 머리에 이고 숨죽여 병원 가는 길
붉은 신호등 저편 푸른 화단엔
계절을 집어삼키려는 불의 여신인가
주린 욕정에 요염한 자태姿態 하나 흐느적대고 있다

한여름
끓는 열기 사모하다 지친 갈증
차라리 불태우고자 함일까
농익은 나신은 태양을 마주하고 누웠다

그 붉은 유혹에 취해
감미롭게 들이민 손 맞잡으면
이글대는 불꽃은 무희 되어 흐느끼고
먼 훗날의 말 없는 언약
햇무리 만들어 징표徵表 삼는다

아마도, 아마도 이 8월엔
환웅 님 못다 펼친 홍익인간 이념으로
또 하나의 건국신화 탄생시킬
고조선의 왕자를 잉태했으리
로터리 화단의 저 검붉은 *사루비아는.

* 사루비아 : 원명은 샐비어(Salvia)로 브라질 원산의 꿀풀과 1년초.

제비꽃

바람이 노닐다 한 점 떨군 눈물
찰흙에 고이 개어 빚어 놓았나
한 자락 휘어감은
연둣빛 앳된 얼굴에
청아하고 앙증스런 그 자태
앞마당 귀퉁이에 곱기도 해라
햇살 한줌 받아들고 퍼붓는 애무

귀틀담 모퉁이
소꿉놀이 신이 난 아지랑이
송이송이 훈풍에 수를 꿰어 놓았나
그윽한 향기로 함초롬히 피어난
보랏빛 미소의 자지러질 유혹

보슬비 한 보금
혀끝을 유린하면
타는 갈증 후줄근히 적시고
옥죄인 가슴
훌훌 풀어헤쳤나
해맑은 아이의 발걸음
노을마저 시샘하는 입맞춤도 싱그럽다.

쥐똥나무

허공을 남실대는 그윽한 향기
아지랑이 모락모락 피워 올리면
은밀한 곳에 숨어 있어도 나는 안다
그 울타리 안에 네가 있음을,

비틀대는 현기증과 달콤한 실랑이
코끝 멀리 있어도 빈 가슴 채우면
훑어내리다 주체 못하는 흥분
허리춤에 감추고 꺾어든 가지 하나
둘둘 말아 어깨에 둘러멘다

물 위에 걸터앉은 새침데기 네 모습
연분홍 사랑 같은 건 난 몰라
머리 풀어헤치고 스멀스멀
내 폐부 깊숙이 흘러들어
자궁 안에 둥지 틀고 눕는데,

네 모습 세상에 다시 피어날 땐
육 남매 굽어살피다 휜 허리
업은 세월 버겁다고 비틀대는 지팡이에
푸른 싹 틔우고 벌 나비 불러들여
쥐똥 같은 까만 열매 주렁주렁 열렸으면.

봄맞이 연가

솜이불 돌돌 말아
시린 몸 달래는 밤
겨우내 발 구르며
열병 앓던 그 님일까,
동장군
두렵지 않다
안겨드는 봄바람.

따스한 숨결로
애무하는 햇살 앞에
불륜마저 황홀해라
겨울바람 넋을 놓고
후다닥
장롱 속으로
숨어드는 이불 한 겹.

할미꽃

육자배기 한 소절
감미롭게 흘러들면
흐느끼던 외로움
홀연히
뒷모습만 아련하고

부끄럽다 고개 숙여
다소곳이 내려앉은 불그레한 입술 하나
햇살 한 조각 고수레 하면
능선의 품 파고들며
고운 얼굴 붉힌다

한평생 구부러진 허리
왜 너는
젊어서도 할미꽃일까,

타고난 운명
애초부터 알고 있었을까,
이고 진 무덤과의 묘한 인연
외롭게 피었다
하얗게
세월 따라 흘러간다

등에 업은 콧노래
추임새로 달래가며
옛 추억
뒷동산에 부려 놓으면

쓸쓸한 무덤가의 *짓소리
주저앉아 흐느끼듯
지난날의 회한을 되뇌어본다.

* 짓소리 : 절에서 재(齋)를 올릴 때, 불법 · 게송(偈頌)을 길고 굴곡이 많게 읊는 소리.

素石 김창섭

— 1962년 경북 선산 생
— 아호 : 소석(素石)
— ≪미래문학≫ 시 부문 신인작품상
— 시원문학회 회장
— 영상광고업 운영

풀잎이여 외 7편

여린 몸짓 애처로워
바람도 비켜가고
넘어질 듯 고추 서서
휘어질지언정 꺾이지 않는다

삶에 겨운 날
흩어진 소식에 귀 기울이며
흘러가는 구름에 소망을 담아
하늘 향해 손짓하는
여린 자태가 차마 애처롭다

피할 수 없는 숙명인가,
지는 노을 속에서도
가녀린 풀잎은
언제나
황홀한 은빛 꿈 접지 않는다

휘몰아치는 칼바람에
제 모습 드러내는 청아한 자태
저 눈부신 반란을 보아,

광활한 바다

쪽빛으로 타는 연정은
애증에 몸살 앓고
못 미친 눈망울은 불꽃이 되어
시방 시나브로 붉게 타오르고 있다.

산다는 것은

산다는 것은
서로 소중한 의미가 되어
소박한 싹을 틔우며
삶의 터를 경작하는 것,

살아간다는 것은
갑자기 찾아오는 낯선 모습이 아닌
서로 함께 호흡하며
더불어 사는 어울림이다

온갖 풍파로 내려앉은 하늘과 땅,
멀어져 가는 금빛 세상
현실과 꼿꼿이 맞선 채
오늘도 쪽빛 미래의 과녁을 응시한다

백 년만의 빗발과 열풍,
연약한 소망은 검게 그을리고
수확은 우수에 잠겼으니
언제쯤
신열 앓는 바이러스와 결별을 고할까,

솟구치던 열풍도 가라앉고

분만의 들녘엔 누렁물결 휘영청
하지만 그들과 타협하지 못한
소외된 삶 한 조각이 흔들리고 있다

작별 위한 팔월의 정류장,
숙연한 뉘우침으로
고개 들어 창공을 응시하면
마침내 핑크빛 산란이 꿈틀한다.

생존

달빛조차 숨어버린
적막한 포구
어둠마저 삼켜버린
거센 폭풍이 질주해 왔다
대체 이 폭군은 어디에서 오는 것인가?

순식간에 패잔병이 되어
정처 없는 방랑자로
생존 위한 울분을 토하며
어딘지도 모를 먼 곳을 향한다

태풍 매미의 육중한 발굽에
백기 하나 꽂을 여력도 없이
부서지고 휘몰리는
속박의 사슬에 묶여
물줄기에 밀린 꽃잎조차 피난을 간다

거친 바람과 빗줄기는
세찬 분노의 물결을 이루며
어둠의 세계로 몰아가지만,
마지막 남은 희망은
결코, 수몰되지 않는다

이럴 수가,
심야의 기습을 감행하던 폭우는 멈췄지만
만신창이 된 육신은
불빛조차 보이지 않는
차디찬 무인도에 표류되었다

날아온 비보
누가 죽고 살았나?
넉넉하던 여름은 텅 빈 추상화
언젠가 부드러운 햇살에
젖은 옷을 말릴 때쯤
뽀얀 햇살 만질 수 있겠구나.

초심初心

내 속은
이미 다 들켜버린 가슴이다

눈을 마주칠 때마다
예리한 화살처럼 파고들어
고동치는 심장에 정좌한다

싱싱한 아침의
눈부신 양기陽氣로 다가와
흉건한 음기陰氣를 토살討煞한다

내리치던 바람도
꼬박 밤새워 통곡하더니
모두 흔적 없이 떠났다

한 마디 언약 없이도
기약 없이 다가와
아득히 날리는 미소
홀연히 떠나는 쓸쓸한 잔영 뒤로
허전한 노을이 슬프다

보무도 꿋꿋이

흔들리고 휘어질지라도
결코 꺾이지 않고
쉼 없는 초심으로
내일을 경작하는 넉넉한 빛살아,

수많은
은밀한 유혹에도
수줍게 응답하는 꿋꿋함
나는 오늘도
내 빈 가슴
너의 초심으로 적시며 싱그러운 하늘을 본다.

혼魂이여

빛과 어둠의 갈림길에서
흑백의 영정은
침묵의 공간을 감싸고
무언의 눈빛과
온화한 미소로 살아남은 자를 위로한다

숨 고를 사이 없는 삶
길 떠나는 망자의 눈길은 혼 불되어
잡다한 일상의 어둠을 영혼으로 밝힌다

밤새 들끓는 신열
통곡의 강으로 흘러
살아 있는 자의 가슴마다에
화인으로 박히고
불현듯 여명 한 줄기 빛이 되어 난무한다

아, 눈부신 햇살
그 기막힌 반란 앞에
나는 비로소
소실로 인한
그 장엄한 생명의 탄생을 확인한다.

아우성

하늘의 뜻인가, 어둠을 꿰차고
폐부 깊숙이 암세포가 번졌다

비구름을 동반한 태풍은
점령군이 되어 당당하게 고지를 점령한다

암흑 속 어두운 그림자가 엄습하고
폐허의 들판에는 풀 한 포기 자라지 못한다

저마다 비명으로 통곡하는 아우성
아는지 모르는지 비바람만 더욱 세차다

바다를 탓하랴, 비바람을 탓하랴
높고 깊게 쌓여만 가는 원성들

삿대질을 해가며 큰소리치지만
뚜렷한 대안은 아무것도 없다

그래도 재기의 힘찬 땀방울에
어쩌면
들꽃 한 송이 다시 피어날 수 있을까.

봄의 설국

옷깃을 여미는 쌀쌀한 아침
이제 겨우 맺힌 꽃망울
서슬 퍼런 사나운 바람에도
의연하게 버티고 서 있다

차창 안 외벽마다
차디찬 냉기가 뺏속으로 스며들고
주차장에 보초 선 앰뷸런스와
신생하는 계절이 무척 혼란스럽다

찢겨 나부끼는 근조등에
골목을 서성대는 낯선 사람들
뼈대만 앙상한
비닐하우스가 유난히 애처롭다

곳곳의 산하는
때늦은 폭설로 신음하며
한폭 수채화 같은 봄의 설국을 그린다

이 모든 것들이
이른 계절을 시샘하듯 하지만,
내 심장이 동요하는 것은

여린 새 순이 실핏줄로 돋아나는 까닭이다

저만치 불끈 솟은 햇살
이른 아침 부산한 대지 위로
눈부신 입자를 쏟아내며 새로운 희망을 수놓는다.

갈구

기쁨도 환희도 없는
숨막히는 날들의 연속이다

이러한 격정의 시간은 자신이 자초한 것,
하지만
내가 가고자 했던 길은 아니다

그 어떤 위안도 될 수 없는
허상의 모습들

그것은 한순간
절망이고 자책이며
일말의 가치 없는 후회다

구멍 뚫린 가슴으로
이내 찬 기운이 스며들고
눈시울 가득한 유행가 한 소절에
으스스 가을이 뼛속 깊이 파고든다

기약 없는 희망을 붙잡고
상처로 얼룩진 날들
멍든 마음은 떨어지는 낙엽 되어

천 근의 무게로 추락한다

가장의 고독
감당하기조차 힘에 겨워
백 날을 섞어 마신 소주 한잔에
지난 봄날을 그리워하며
자꾸만 울분을 토해댄다

화려한 빛을 자랑하는 저 억새도
밤이면 어둠 속으로 사라질 줄 알지만
그래도 넉넉한 날들을 기약하지 않는가,

입동立冬 초입
칼날처럼 예리한 바람이
포물선을 그리며 거침없이 몰아치지만
아직
살아 있는 한 우리에게 희망은 있다.

蘭蓮 최숙희

— 1962년 대전 생
— 대전여상 졸업
— ≪미래문학≫ 시 부문 신인상
— 시원문학회원, 〔시원〕 운영자

그림자 외 7편

세파의 시름에 때묻지 않은
투박한 질그릇 향기 어우러진
주름살 깊게 패인 고집스런 길을 간다

제멋에 취한
주황빛 가로등의 현란한 분사噴射
술렁술렁 굵은 체 흔들어
솟구치는 분노를 걸러내고 있다

결을 비집고 뛰쳐나온 빛의 반항
볼멘 불만의 목소리로 분해되고,
속도 무제한의 자동차 경주에
흐물거리는 그림자 속 토막난 불빛들
부활을 도모하며 가쁜 숨 몰아쉰다

너그러운 바람에 기댄
수은의 재빠른 응집을 꿈꾸는
집요한 사냥꾼의 근성

노을을 삼켜버린
산의 인사가 채 마르기 전,
미처 메우지 못한

이 어둠만으로 숨길 수 없어
자욱한 안개로 덧칠하지만

가려도 가려봐도
어쩌지 못할 자책의 형벌로
시커멓게 부풀린 몸뚱이
땅바닥에 납작 엎드려
긴밤 뜬눈으로 보초를 서고 있다.

개망초꽃, 침묵의 의사

소박한 눈시울
눈에 띌 까닭도 없이
아랑곳하지 않아도
들녘 곳곳마다 박혀 있는
묵묵한 시선입니다

가냘픈 운명
거친 바람에 순응하며
시름마다 퍼내던 울음도 소진되어
피폐疲弊한 이파리 바삭거립니다

갈라진 치마폭 사이로
하얀 절망마저 흘러 넘쳐
병든 가슴 짙은 황달이 된
군중群衆의
마지못한 수긍이던가요,

낱낱이 펼친 해쓱한 꽃잎
햇빛의 초록 사냥 지켜본 울분은
절규할 수 없는 체념이 되어
소슬한 고름빛 무덤에 안깁니다

한낮의 역사 기웃거리던
따가운 발자취에 숨 죽여도
들녘을 향한 사랑의 추
결코 허리 꺾지 않는 곧은 절개

산마루 뉘엿뉘엿
어슬렁거리는 붉은 포만감에
울가망한 긴 한숨 삼키며
한 서린 꽃잎, 가만 오므립니다.

북두칠성

스물두 시를 막 지나자
가로등 불빛 일제히 눕고
충혈된 내 눈은 황급히 일어선다

어둠 속에서 비로소 완성되는
빛의 향연
포충망에 포획 당한
총총한 별 촉수燭數를 높인다

너그러운 밤 유유한 산책길
허리춤에 맞댄 양손
여유를 채집하며 슬그머니 포갠다

며칠 밤낮을 오락가락하던 비가
붓끝으로 그려놓은 수채화
젖내 풍기는 요람 속 뽀얀 속살처럼
티 없는 하늘가
별이란 별 죄다 쏟아져 나왔는데

아름다운 모순에
최면 걸린 체증滯症은
검은 융단 수놓은 금, 은박의 찬란한 꿈

뒤란에서 긴 한숨을 토해대고
비틀린 심사
괜스레 시비를 건다

달콤한 하늘이 다가온다
사방을 포위한
저기 산보다도 가깝게,
한 뼘 거리에서
우뚝 서버린
아, 전율스런 미백美白의 공포

지상의 갖은 오물 떠내려는 듯
속절없이 달려든
거대한 국자의 서늘한 은빛에
움찔,
포개진 손 이내 놓치고 말았다.

벌레 먹은 나뭇잎 아래서

겨드랑이 몹시 간지러워요,
몸 비트는 애벌레

서툰 조각도의 엉성한 솜씨로
선명하게 각인시키는 날개의 꿈
구불구불 하얀 길 설계도를 펼친다

잘게 썰어 나눠주던 살점
동그란 바람길 허공으로 삽입하면
추락하는 깃털의 상심한 회전
실바람에 깔딱거리는 맨발의 춤사위
수유 못한 젖몸살로 흐느낀다

청정한 하늘 시샘인 듯, 심술인 듯
통명스런 잿빛 구름의 행렬
해산解散을 부추기는 거친 숨소리에
소스라친 샛길 따라 일순 탈출하는
금빛줄기의 자유로운 항해
얼룩진 입자粒子마다 멍든 상흔 핥아 내리면

나뭇잎 기꺼운 희생
친 어미 배앓이 못 미칠까,

양수羊水에 노닐던 축축한 날개
비상을 흠모하는 꿈결에
가지를 세우는 꼿꼿한 기지개
차마 감당할 수 없어

똑, 똑똑
상상의 나래 두드리는 황홀한 날갯짓
눈부신 금단의 하늘빛
비단장막 틈새로 아스라이 멀어져가고

날자, 나도 한 번 날아보자,
숨가쁘게 따라나선
이내 마음 여태 돌아올 줄 몰라요.

남강의 밤 풍경

그 날, 비장한 여인의 가쁜 숨결
의암義巖의 너른 등을 휘감아 돌고
어둔 명경에 뛰어든 창백한 달빛
만삭의 진통에 어깨를 들먹입니다

행길에 무리 지은 인공의 보름달
강물로 뛰어든 설익은 속살이
자해처럼 서러워 빈 들을 내밀자
진주교의 신명난 조명과 어우러져
거나한 춤판을 벌입니다

과장된 온기에 떠밀린 오색 꽃송이는
잡힐 듯한 신기루에 사로잡힌 건망의 포로
이 밤도 잘린 발목을 어둔 물에 담그고
휘황한 부채질로 도시를 포장합니다

상처가 내뱉은 농액을 끌어안은 채
오랜 약속을 파기할 줄 모르는 가슴앓이
달빛으로 나부끼는 살풀이 한 마당

흰나비 나래에 앉은 나른한 그리움
팽개칠 듯 낚아채고

움켜쥘 듯 던져버리는 그 미련 하염없어
훠이, 훠어이

시나위 가락을 풀어 헤친 바람을 타고
가로등 수를 놓은 세대교체의 은빛 고동
살풋, 내비치는 하얀 버선발로
총총 어둠을 간질이고
달빛은 먼동만 물끄러미 바라봅니다.

낙엽의 집착

붉디붉게 타버려도 소멸하지 못하고
푸른 시절 훔쳐내며 옆구리를 말았습니다

바람아, 바래진 등 떠다밀지 마라
비장한 갈빛 마침내 몸뚱이를 버렸습니다

아, 그렇지만 수직을 이탈하는 슬픈 회전
허공에라도 무작정 걸치고 싶었습니다

이생의 인연을 밟고 지나는 뭇 발길에
바스락
그래요, 차마 끊지 못한 발악이랍니다
꼭꼭 밟아주시렵니까
기억마저도 말끔히 지워줄 수 있다면,

웬걸요, 도리질치는 머리로
소용돌이 가슴을 지울 수 있답니까

형상이 들지 않은 필름 같은 하늘가
풍문처럼 떠도는
나그네 별이라 해도 좋겠습니다

옷고름을 매었다가 이내 또 풀었다가,
뒤척이던 밤 하얀 서리꽃을 게웠습니다

조각조각 꿰매는 숨결 언 살을 비비면
도무지 저항할 수 없었어요
또르르, 염殮하듯 윤회하는 수레바퀴

이제는 낯선 그들만의 거리에서
회오리치는 먼지 속을 뒹굴고 부서져도
세월이 씻지 못한 연둣빛 어제
두근두근 그 설렘 찢긴 골을 메우고
이대로 그만 색 바랜 책갈피를 덮고 맙니다.

낮잠 속에서

몇 마리 물새 떼가 쉼 없이 날개를 젓는
구름 한 점 없는 심심한 하늘가
말줄임표 너울너울 수다를 풀어 헤친다

하얀 거품을 물고 모래톱에 농을 거는
바다의 입구에 서서
물결이 끝나버린 가지런한 선
바다의 출구를 만났다

바다는 거울을 움켜쥐고
거울 속 하늘은
깊이를 감춘 채 무작정 파랬다
그 무엇 낚자고 작정한 것 없이
습관처럼 그물을 던지는 멍한 동공
하늘 속으로 첨벙 뛰어 들었다
바다 끝에 닿았다

천리 까마득한 폭포 아래로
한참을 추락하였다
난다, 나비가 되었다
팔랑팔랑
가볍다

……

그러나
타인의 옷을 걸친
몹시도 불편한 순간의 자유.

수국꽃, 내 아이 사춘기

두 손 모아 감싸려 해도
도무지 담아지지 않는 수국꽃
화분에서 피어나
쪼그리고 앉아 키맞춤한다

꽃문 활짝 열기 전엔
설익은 색채 안타까워
빛이 되고
물이 되어 주었는데
꽃잎마다 압정 꽂는 이유 없는 반항

독이 오른 코브라의 눈빛
꼿꼿이 치켜 든 머리로
맹독을 토할 곳 염탐하며 기웃거린다

실핏줄 일어서듯 굵어진 꽃봉오리
숨쉴 틈조차 틀어막는
바글바글한 저 꽃잎 때론 징그러워

휘청거리는 저 허리 차마 어찌할까,
꼿꼿한 지팡이 꾹 찔러 준다

어라, 그 꽃잎 참말 오래도 간다.

沈香 장선주

— 1961년 경북 성주 생
— 아호: 침향(沈香)
— 성주여고 졸업
— 방송통신대 재학
— 구미문협 주최 시 낭송 일반부 대상 수상
— 전국시조백일장 차상 수상
— ≪미래문학≫ 시 부문 신인상
— 시원문학회 부회장. 〔시원〕 운영자.

의혹 외 7편

저 달은 엄마 품에서 행복했을까,
아니 저렇게 만개한 꽃들은 제 몸을 태워
또 얼마나 가는 이 발걸음 멈추게 했을까

온 누리를 비추는 태양,
그 은혜 안에서 달콤하게
해를 따먹는 해바라기
이글거리는 태양의 몸살 앞에
살포시 얼굴 내민
하염없는 외로움에 가냘픈 목덜미가 휘어진
한 조각 달

살갗을 파고드는 무심한 바람은
멍든 가슴에 그리움을 채색하고
등 떠미는 파도가
자꾸만 지친 발걸음을 재촉한다

외로운 길 하나 비실비실 등 굽은 할머니다
톡톡,
마법의 지팡이 엉킨 실타래를 풀듯
떨려오는 낮은 음계에
살포시 젖은 손 땅 위에 포갠다

빈자리 빈 가슴
채워도 채워지지 않는
덧없는 욕망.

그녀의 가면술

휘감긴 운무 밖
뽀얀 속살 같은 눈송이 툭,
귓불을 간질거리며
속삭이듯 도심에 살포시 내려앉았다

새털처럼 가벼운 맘 곱게 치장하고
가뭇한 추억 하나 책갈피에 잠재운다

반추한 삶의 내면에
무성히 자란 흰 서리
찬연한 별빛 어디엔가 걸어두기로 하자

숨죽여
황량한 가슴에 훈풍을 밀어
봄의 중턱에 걸터앉아 지는 벚꽃잎에 입맞춤하고
마음 둘 곳 없어 흐드러진 개나리꽃
사알짝,
귓속말 건네 본다

때가 되면 너도 가야겠지
어차피 피고 지는 자연의 순리인 것을,
남루한 뜨락에 쌓인 먼지

빗물에 얼레 빗질하고
아슴한 회억을 풀무질하며
초록의 새순을 뾰롯히 밀어 올린다.

무언가에 빠져 버리고 싶다

설렁
이것이 깎아지른 낭떠러지일지라도
한번쯤은 도발적 일탈을 시도하고 싶다

침묵의 굴레에서 잠깨어
마치 플러스극과 마이너스극이 서로 밀고 당기듯
그렇게 밀착하고 싶다

가을날
스산한 바람이거나
섣달의 칼바람 잎에서도
정념의 불씨 당겨 물레를 잣듯
그 넓은 가슴에 정인情人으로 안주하고 싶다

행여
헤어나지 못할 미궁 속에서
애증의 긴 밤을 사를지라도
홀씨 하나 찬바람에 언약처럼 날리며
그 속에 나를 태우고 싶다
요원의 불길로 솟구치는
샤르망 향기 가득한 정원이고 싶다

그리하여
남루한 영혼 달빛에 적시고
또 헹구어가며
비밀한 내 안의 자아로 다시 태어나고 싶다.

바람이야

내겐
가슴속 깊이 새겨진 비밀 하나 있다

언제부터인가
별도 달도 찾아주지 않는
창살 없는 감옥에서
생을 경멸하듯 무의미한 일상에
태엽 풀린 시계추처럼
그렇게 시간만 허비했을 뿐이다

그대와 나의 거리는
깜박이는 유성의 촉광만한 것인가,
채 아물지 않은 설움
깊은 밤 신열로
열꽃 피어 사경을 헤매고
바람이 야유하듯 야금야금 나를 갉아먹었다

잎 지고 꽃피는 줄 알았는데
맨몸으로 떨고 있는 잎 진 가지 끝에
식지 않은 온기마저
회오리로 훑어 버리고
살을 에이듯

불타다 남은 흔적 옥죄어 가며
시린 가슴 한 조각 운무로 걸어두었다

그래,
이건 바람이야
바람은 그저 바람일 뿐이야.

우츄프라카치아를 아시나요

한 모금의 햇살과
한 방울의 이슬로도
내 목마름은 해소가 됩니다

말없는 세월 속에 수없이 죽임을 당하고
또 그렇게 살아왔나 봅니다
사람들은 나를 보고 허브라고도 하고
사알짝 건드려도 병들어 시든다지요
그런 이들은 달빛이 왜 포근한지 모릅니다

열대 우림 가시덤불 속에 몸을 숨기고
투명한 마음의 눈 뜰 때
가끔씩
슬픔을 접고 살며시 고개를 내밀지요
아주 조심스레, 혹은 살포시

푸른 융단 비집고 온
한 점 바람과 수줍은 입맞춤
켜켜이 쌓인 시간에
눈물 글썽이는 연약한 이파리
잊혀진 기억의 보따리를 내려놓고,

외진 가슴 별을 삼켜
맑은 영혼 시공 속에 감추어 둔
우츄프라카치아
그대 그리움에 목마른
내 이름은
미모사랍니다.

포장

두꺼운 분칠에
누눅한 그림자
감추기 좋은 포장
낮달도 조롱한다

차라리,
나를 태워서 연꽃으로 피고 싶다.

떨어진 바람 한줌
잼잼잼 날개 접고
울 밑에 내린 별
아린 가슴 말려본다

열여섯
티 없는 순수 복원할 수 없을까.

탄식

무채색 이슬방울
두 뺨에 아롱진다

가진 자 골프유람
성형수술 인공미

지지리
궁상맞구나
탄식하는 내 모습.

속절없는 인생일랑
허공 속에 던져놓고

꽃구름 두리둥실
읜저은 무한자유

별똥별
무리를 지어
가슴팍을 파고든다.

비를 맞으며

퍼붓듯 쏟아져라
덩실덩실 어깨춤

뜨겁게 달구어진
숯불 같은 몸부림

시계 밖 빗방울조차 애증으로 치솟고.

너털웃음 한바탕
노도의 춤사위다

분출하는 욕정 앞에
청초함이 얼비치고

베갯잇 적시는 불멸의 밤 속울음도 한 소절.

EPILOGUE

서툰 휘파람이라도 불고 싶습니다

우리 모두는 요사이 같은 봄입니다. 분간할 수 없는 날씨에도 순간순간 터지는 꽃망울 같은, 그래서 세상이 신기하기도 하지만 함부로 발걸음을 옮기기가 두렵습니다.

시원詩苑과 만나던 날을 잊지 못합니다. 설레는 가슴으로 살금살금 들어와 어설픈 글귀로 한식구가 되었던, 서로에게 용기와 격려를 아끼지 않았던 시우들과 앞에서 이끌어 주신 최광림 선생님의 정성어린 지도와 격려로 다른 세상을 만난지 얼마 되지 않은 초보 글쟁이랍니다. 남의 글을 감상만 하던 우리가 자신의 마음을, 영혼을 글로 적어 나가는 작업이 아직은 서툴지만 혼자가 아닌 우리가 함께 있어 든든한 힘이 됩니다.

아직 부끄러움을 모릅니다. 그래서 용감하게 동인지를 내봅니다. 누군가의 비난에 가슴이 아플지도 모르지만 혹여, 가만히 어깨 다독거려줄 누군가가 있다면 하고 조심스런 기대도 해 봅니다. 그리고 다 읽은 시집을 덮으면서 가슴 한구석이 따뜻해지기를 소원합니다. 한 식구지만 아홉 이의 개성이 각각 다른 맛을 내리라 생각합니다. 비뚤비뚤 일어서는

EPILOGUE

우리가 똑 바로 설 수 있는 잣대가 되어 주시고 열정의 기합을 넣어 주시는 선생님의 수고로움에 늘 감사드립니다.

미쳤다는 소리를 들으면 어떤가요, 미치지 않고서는 감히 아무 일도 할 수 없다는 게 지금까지 살아오면서 얻은 진리인 걸요. 그리고 힘껏 외치고 싶습니다.

"최광림 선생님 고맙습니다, 열심히 할게요. 선생님, 사랑합니다! 우리 문우님들 정말정말 사랑합니다."

참말이지 오늘은 광대나물의 보랏빛 틈새에 누워 푸른 하늘을 바라보며 서투른 휘파람이라도 신나게 불어보고 싶습니다. 아니 이 기쁨과 감격을 오래도록 간직하며 행복한 마음으로 글을 쓰는 글쟁이가 되고 싶습니다.

2006년 3월

시원문학회 9인 동인회

□ 주소록 (등단 순)

권덕운 인천시 남동구 간석3동 224-747번지
☎ 011-9005-9375

김은영 대구시 달서구 상인1동 1536-16번지
☎ 018-508-5086

김희순 서울시 용산구 산천동204번지 한강타운@ 101동 311호
☎ 02-703-2558. 010-6460-2558

김명이 경남 마산시 진동면 요장리 광암 268-21
☎ 019-306-2645

박동숙 410 Nightingale ct Wheatland ca95692 usa
☎ 1-530-613-4127

고봉선 제주도 북제주군 애월읍 고성리 1340번지
☎ 016-9251-5995

김창십 경남 김해시 삼정동 197-3번지
☎ 010-7100-2188

최숙희 경남 진주시 금산면 송백리 산11-1 공군@ 10동 202호
☎ 010-5549-4400. 055-762-5799

장선주 경북 구미시 형곡동116-1삼우@ 905동 102호
☎ 019-542-0918

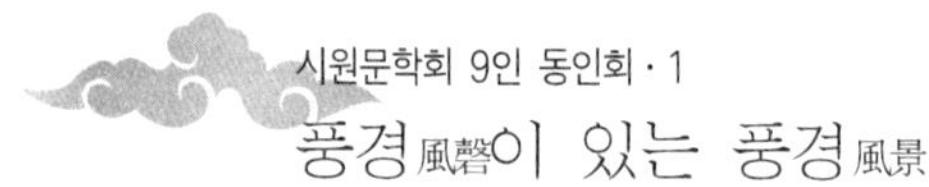

시원문학회 9인 동인회 · 1
풍경風磬이 있는 풍경風景

인쇄 —— 2006년 4월 10일
발행 —— 2006년 4월 15일

지은이 — 권덕운 外
펴낸이 — 장호병
펴낸곳 — 북랜드

110-999 서울 종로구 신문로1가 오피시아 1406호
대표전화 (02) 732-4574 | (053) 252-9114
팩시밀리 (02) 734-4574 | (053) 252-9334

등록일 — 1999년 11월 11일
등록번호 – 제13-615호
홈페이지 – http : //www.bookland.co.kr
이-메일 – bookland@hanmail.net

ISBN 89-7787-399-1 03810

값 7,000 원